Johannes Duemichen

Der ägyptische Felsentempel von Abu-Simbel

Johannes Duemichen

Der ägyptische Felsentempel von Abu-Simbel

ISBN/EAN: 9783741171352

Hergestellt in Europa, USA, Kanada, Australien, Japan

Cover: Foto ©ninafisch / pixelio.de

Manufactured and distributed by brebook publishing software
(www.brebook.com)

Johannes Duemichen

Der ägyptische Felsentempel von Abu-Simbel

Der

Aegyptische Felsentempel

von

Abu-Simbel

und

seine Bildwerke und Inschriften.

Von

D^R. JOHANNES DÜMICHEN.

BERLIN.
GUSTAV HEMPEL.
1869.

Vorwort.

Eine Vorliebe für archäologische Untersuchungen führte mich im Jahre 1858 auf das Gebiet der Aegyptologie und die Weisheit des alten Aegyptens fesselte mich der Art, dass ich schliesslich diesen Zweig der Alterthumsforschung mir als Lebensberuf wählte und mich nun von 1859—62 lediglich den ägyptischen Studien widmete, wobei ich das grosse Glück hatte, gleich von vornherein in die richtige Bahn einzulenken, da es mir vergönnt war, unter den Herren Lepsius und Drugsch meine Studien zu treiben. Also vorbereitet unternahm ich dann von October 1862 bis April 1865 eine Reise durch Aegypten, Nubien und den Sudân, und eine zweite im Sommer 1868 nach Ober-Aegypten. Selbstverständlich galten diese meine Wanderungen auf afrikanischem Boden nicht dem heutigen Aegypten und seinen Bewohnern, nicht dem heutigen Nubien und Sudân und den in seinen Wüsten und Steppen, hier sesshaften, dort umherziehenden Stämmen, sondern jenem Volke, welches vor Jahrtausenden an den Ufern des Niles wohnte, gross an politischer Macht und das erste seiner Zeit in Kunst und Wissenschaft. Das alte grosse, das einst mächtige und weit ausgedehnte Pharaonenreich galt es kreuz und quer zu durchwandern, „von den Pforten des Windes bis zu den Stützen des Himmels an den Thoren der Nacht und von

1 *

dem östlichen Sonnenberge, auf welchem Ra sich erhebt, bis zu den Bergen des Westens, hinter denen der gnädige Gott sein strahlendes Antlitz verbirgt." —

Bald auf einer Nilbarke die Stromfahrt machend, bald unter dem „bismillah schech abd-el-Kader" (im Namen Gottes Schech Abd-el-Kader) die Wüste durchkreuzend, heute im Zelte der Beduinen oder in einer Araberhütte orientalische Gastfreundschaft geniessend, morgen neben dem pilgernden Takrûri und dem die Märkte bereisenden Krämer in der öffentlichen Herberge übernachtend, bald den Schakalen und Fledermäusen auf eine Zeit lang ihre Wohnung in einer Felsenhöhle oder Grabkammer streitig machend, bald auf dem Dache eines Tempels oder in einem seiner inneren Räume auf Wochen oder Monate Quartier nehmend, so habe ich Aegypten durchzogen von der alten Alexanderstadt bis zum Kataraktenthor von Syene und Aethiopien dann bis zu den Ufern des Astapus.

Wohl darf ich es sagen, dass ich viel gesehen, erlebt und gelernt auf dieser so manches Mal gar wunderlichen Reise, auf der Freud und Leid, Zauber und Schrecken gleichermassen an mich herangetreten. Des Sudans weite Steppen, Nubiens felsige Wüsten und Aegyptens blühende Thäler, und vor allem jene wunderbaren Meisterwerke der Baukunst und was ihre in Stein gehauenen Bildwerke und Inschriften dem wandernden Forscher erzählen, alles das hat mir eine reiche und schöne Auswahl von Reisebildern eingetragen, und hat mein Wissen von dem alten Aegypten hier bestätigt, dort berichtigt und erweitert. —

Wenn nun in Vorliegendem den Versuch ich wage, einige jener herrlichen Gemälde aus dem Panorama meiner Reise aufzuzeichnen, mit dem Wunsche, dass es mir gelingen möchte, sie mit Worten in derselben erhabenen Pracht und Schöne zu malen, in der sie in frischen Farben vor meinem rückwärts blickenden Geiste stehn, wenn ich es

unternehme, das auf meiner Wanderung durch das alte
Aegypten Gesehene, das aus eigener Anschauung Erlernte,
wie das von Anderen mir Gelehrte, in einer von der her-
gebrachten Betrachtungsweise etwas abweichenden Form
wiederzugeben, wenn ich es versuche, in einer Reihe von
gemeinverständlichen, wissenschaftlichen Abhandlungen über
das alte Aegypten zu einem grösseren Publikum zu reden
und seine Aufmerksamkeit auf ein Gebiet zu lenken, We-
nigen bekannt bis jetzt und doch des Interessanten und
Lehrreichen so viel enthaltend, so bedarf ein derartiges
Unternehmen wohl keiner weiteren Rechtfertigung und Be-
fürwortung. — Dank der Gründung ägyptischer Museen,
Dank den für dieselben und für wissenschaftliche Reisen in
Aegypten von europäischen Fürsten gewährten Mitteln, Dank
den seit einer Reihe von Jahren auf Kosten der ägyptischen
Regierung im grossartigsten Massstabe unternommenen und
mit den glücklichsten Erfolgen gekrönten Ausgrabungen,
Dank dem Interesse, welches Se. Hoheit, der jetzt regie-
regierende Vice-König Ismail I. für die grosse Vergan-
genheit seines Landes beweist, und Dank namentlich der
fruchtbringenden Thätigkeit einer grossen Zahl verdienst-
voller Forscher, Dank den Arbeiten eines Champollion,
Rosellini, Visconti Letronne, Quatremère, E. und J,
de Rougé, Prisse, Chabas, Mariette, Devéria, de
Horrak, Maspero, Baillet, Pierret, Lefébure, Ro-
mieu. — Wilkinson, Young, Hincks, Hoskius, Per-
ring, Vyse, Birch, Goodwin, Le Page Renouf, Heath,
Haigh, Bonomi, Sharpe. — Leemans, Pleyte,
Lieblein. — Bunsen, Parthey, Lepsius, Brugsch,
Gutschmidt, Gumpach, Ebers, Lauth, Reinisch,
Unger u. a. m. Dank alle dem ist die Kenntniss des
ägyptischen Alterthums nachgrade so weit vorgeschritten,
dass es mir an der Zeit zu sein scheint, mit den erworbenen Resultaten mehr und mehr aus dem kleinen Kreise der

Aegyptologie herauszutreten und auch dem Nichtfachmanne die herrlichen Errungenschaften in einer anregend unterhaltenden, nicht unwissenschaftlichen, aber doch von allem gelehrten Apparate, von Citatenschmuck und Notenpomp möglichst entkleideten Form darzubieten. Ich theile vollkommen die von einem hervorragenden Historiker ausgesprochene Ansicht: „dass wissenschaftlicher Geist sich sehr wohl mit einer Form verträgt, welche dem Laien die Mitwanderung auf den mühsamen Wegen erspart, auf denen der Forscher zu seinen Ergebnissen gelangte". Bereits die Herren Brugsch und Ebers haben in einzelnen Arbeiten wie: „Die ägyptische Gräberwelt", „Aus dem Orient", „Ueber Bildung und Entwicklung der Schrift" und Ebers in seinem historischen Roman: „Eine Aegyptische Königstochter" den Versuch gemacht, durch eine derartige Betrachtungsweise des ägyptischen Alterthums auch in weiteren Kreisen für dasselbe zu wirken. Jenen von Poësie durchhauchten, lehrreichen und lichtvollen Arbeiten möge das gegenwärtige Unternehmen sich anschliessen, und meine verehrten Herren Fachgenossen werden hoffentlich dem ja doch nur im Interesse der Wissenschaft ins Leben gerufenen Werke ihre Unterstützung zu Theil werden lassen.

Unserem thatkräftigen, an Entdeckungen und geistigen Schöpfungen aller Art so reichen Jahrhundert ward auch in Bezug auf das alte Aegypten das Glück eines Fundes zu Theil, den man mit Recht als eine der herrlichsten Thaten des Menschengeistes bezeichnet hat, ich meine den Fund des Schlüssels zum Verständniss der Hieroglyphenschrift. Nicht mehr angewiesen einzig und allein auf die ungenauen und unvollständigen, ja zum Theil entstellten und geradezu falschen Nachrichten des klassischen Alterthums über Aegypten, können wir heute aus directen Quellen schöpfen. Berührt von dem Zauberstabe des unsterb-

lichen Begründers unserer Wissenschaft, dessen denkendem
Geiste es gelungen war, das erste Räthsel der ägyptischen
Sphynx zu lösen, das Siegel des Jahrtausende lang ver-
schlossen gewesenen Testamentes zu erbrechen, berührt und
zum Reden gebracht durch ihn, eröffnen die nunmehr ver-
ständlichen Denkmäler des Nilthales uns eine Fernsicht bis
an den äussersten Horizont der Menschengeschichte, wie
sie auf keinem anderen Gebiete das spähende Auge des
Forschers vor sich hat. Aus dunkler Grabesnacht steigen
die Geschlechter einer halbvergessenen Welt zu uns herauf,
aus einer Griechen und Römern, Medern und Persern,
Israël und Phönizien, Assyrien und Babylon vorangehenden
Zeit tritt ein mächtiges Volk mit seinen geistigen Schöpfungen vor uns hin, und zwar nicht mit Schöpfungen, welche
die kindlichen Anfänge einer in den ersten Entwicklungs-
stadien begriffenen Kultur bekunden, nicht als rohe Barba-
ren erscheinen sie vor uns, sondern als ein durch tiefe
Moral, durch Anmuth der Sitte, durch Tugend und Men-
schenwürde ausgezeichnetes, als ein scharf denkendes und
praktisch handelndes, als ein durch Thatkraft mächtiges,
in Künsten und Wissenschaften hochgebildetes Volk.

Dieses Volk in seinem Staats- und Familien-
leben, in seinem religiösen Dichten und Trachten,
in seinen Sitten und Gebräuchen, in seinen wissenschaftlichen und künstlerischen Leistungen
einer eingehenden Betrachtung zu unterziehen,
unternehme ich meine Wanderungen durch das alte Aegypten. — Mit grosser Freude und ich möchte beinahe sagen,
als ein gutes Omen für mein Unternehmen, lese ich soeben
das Erscheinen der zweiten Auflage des vorerwähnten Ro-
manes von Ebers im „Magazin für die Literatur des
Auslandes" mit folgenden Worten angekündigt: „Dass
ein archäologischer Roman wie „Die Aegyptische Königstochter" nach kaum vier Jahren seines ersten Erscheinens

eine zweite Auflage erlebt, spricht jedenfalls für den wissenschaftlichen Sinn und den gebildeten Geschmack des deutschen Publikums. Es liegt freilich in den Offenbarungen über das alte Aegypten, das uns in den beiden letzten Decennien mehr und mehr erschlossen worden ist, etwas, was uns unendlich mehr noch anspricht, als selbst die schönen Mythen der hellenisch klassischen Welt. Wir ahnen den Zusammenhang, der zwischen den erhabensten Ideen der christlichen Weltanschauung und jenen ältesten Geheimnissen des Nils und seiner Gräber-Weisheit stattfindet. Im Gefühle dieses Zusammenhanges, dieser Verwandtschaft unserer Ideen des Uebersinnlichen mit denen der Schule, aus welcher der erste bekannte Lehrer des monotheistischen Gottesbegriffes hervorgegangen, greift der gebildete Leser mit Vorliebe nach diesen neueren Offenbarungen über die Tempel und Gräber, die Inschriften und die Papyrusrollen Aegyptens." — Möchte auch meinen Wanderungen durch das alte Aegypten es gelingen, das grosse gebildete Publikum zu einer zahlreichen, mit jedem Ausfluge wachsenden Betheiligung heranzuziehen. Mit diesem Wunsche breche ich auf, um einzutreten an den Ufern des Niles, hier in einen Tempel, dort in ein Grab, in diese reichhaltigen Archive jenes strebsamen Kulturvolkes, welches seine Mission in der Weltgeschichte so glänzend erfüllt hat.

Berlin, den 22. März 1869.

Johannes Dümichen.

Es war eine jener wunderbaren Sommernächte, wie sie in den Tropen Afrikas nach des Tages versengender Glut, Körper und Geist erfrischend, am Himmel heraufziehn, eine jener wunderbaren Nächte, welche in ihrer Pracht und Herrlichkeit zu beschreiben, dem Maler die Farben, dem Dichter die Worte fehlen. Hellstrahlend goss der Mond aus ungetrübtem Aether all' seine Lichtesfülle hernieder; wie mit Tageshelle, aber doch umwallt von jenem geheimnissvollen Schleier der Nacht, leuchtete er über die öden, wild zerklüfteten Felsen am Ufer, erzeugte dort die wunderlichsten Gebilde in den seltsam geformten Schluchten und spiegelte sich in tausendfachen Lichtern in den Wellen des Stromes, auf welchem, von einem frischen Nordost vorwärts getrieben, die kleine Barke pfeilschnell, hier durch einen Wasserstrudel, dort an einer gefährlichen Felsklippe vorüber, unter dem „*Allah maána*, Allah ist mit uns" beinahe geräuschlos dahinfuhr. Nur das zeitweise dem Steuermann mit gedämpfter Stimme zugerufene ·Commandowort des Capitäns, der in seiner malerischen Tracht, in Farbe und Haltung einer antiken Bronzestatue gleichend, unbeweglich am Vordertheile des Schiffes sass, mit aufmerksamen Blicken das Fahrwasser prüfend, nur sein ab und zu erschallender Ruf, der dann jedesmal, zum Zeichen, dass er verstanden, von dem am Steuer sitzenden Mohámmed wiederholt wurde und hie und da das Rauschen der an einen Felsblock anprallenden Wogen unterbrachen zuweilen die feierliche Stille der Nacht. Geniessend so recht mit vollen Zügen all' die

unnennbare Pracht, die so rings umher vor meinen ent-
zückten Blicken sich aufthat, glaubte ich plötzlich bei einer
Biegung des Flusses 6 riesenhafte Gestalten aus der nahen
Felswand heraustreten zu sehen. War es Täuschung oder
Wirklichkeit? — immer näher kamen die Gestalten, der
Mond fiel mit vollem Lichte auf die Wand und immer
schärfer zeichneten sich die Umrisse. Jetzt standen sie
über mir, deutlich konnte ich ihre Gesichtszüge erkennen,
— die Barke flog an ihnen vorüber. Und siehe! hinter
einem goldigen Strome, der von der Höhe des Gebirges
herabrieselte, erschien abermals das Haupt eines noch ge-
waltigeren Riesen. Wir kamen näher, und ich konnte nun
die Erscheinung in ihrer ganzen Grossartigkeit, konnte die
riesenhafte Gestalt, wie die drei anderen, ganz ebenso gebildeten neben ihr, deutlich übersehen, wie sie, mit dem
Rücken an die Felswand gelehnt, die Hand auf das Knie
gestützt, in imposanter Ruhe dasassen und auf den Strom
zu ihren Füssen herniederschauten.

Ueber ihren Häuptern trat lesbar aus dem grauen
mondhellen Gestein in mächtigen Hieroglyphen eine Inschrift heraus, sie nannte die Namen dieser Riesen:

an χ | ârā hor ra | ka neχt | meri | ma suten χ ab ra uer ma sotep en ra

ri ra | Amon-mi Ramses | Amon-ra | suten nuteru | meri.
„Der mit dem Uräusdiadem geschmückte, lebende
Repräsentant des himmlischen Horus, der gleich
dem Stiere kämpfende, Gerechtigkeit liebende
König von Ober- und Unterägypten (Sonne, Lenker der Gerechtigkeit, Auserkorener des Sonnengottes), der Sohn der Sonne (der den Amon liebende Ramses), der Liebling des Götterkönigs",
besagten die wohlerhaltenen hieroglyphischen Zeichen.

An's Land! lautete jetzt das Commando des Capitains,
die Segel wurden eingezogen. — Es waren nicht vom trü-
gerischen Schein des Mondes erzeugte Gebilde, die ich gesehen, wir waren angekommen am Felsentempel von Abu-
Simbel.

Dieses nach meinem Dafürhalten grossartigste Bauwerk
der alten Aegypter auf äthiopischem Boden, den auf dem
westlichen Ufer des nubischen Niles, im Gebiete des zweiten Katarakt, und zwar unterhalb desselben, gelegenen
Tempel von Abu-Simbel, erwähle ich mir für meine heutige
Betrachtung, um in demselben und von demselben
aus einen Blick auf das alte Aegypten zu thun. Wie so
mancher Reisende vor mir, war auch ich ganz überwältigt
von dem Eindrucke, den dieser merkwürdige Bau auf den
Beschauer macht. Staunen erfüllte mich bei seinem Anblick
und mit ehrfurchtsvoller Bewunderung ruhte mein Auge auf
den vier steinernen Giganten zur Seite des Eingangsthores,
die nun schon über 3000 Jahre von ihrem Sitze auf die
Fluten des zu ihren Füssen dahingleitenden Stromes her-
niederschauen. Am mächtigsten jedoch wirkte auf mich
die einfache Inschrift über ihren Häuptern. „Der sociale
Mensch", um mit den schönen Worten des um die Wissenschaft der Aegyptologie so hochverdienten H. Brugsch zu
reden, „sucht allenthalben den Menschen wieder, und er
erkennt selbst in den Spuren der Vorzeit dankbar die Nähe
des Menschen an. Nicht landschaftlicher Reiz, nicht an-
muthiger Wechsel der Vegetation, nicht die formenreichste
Felsenbildung einsam gelegener Landstriche fremder Regio-
nen üben einen so mächtigen Eindruck auf den einsamen
Wanderer aus, als der unerwartete Anblick redender Steine.
Wie gebannt bleibt er sinnend stehen, um zu fühlen, was
Faust mit klaren Worten sagt: Wie anders wirkt dies
Zeichen auf mich ein!" So blieb auch ich, als ich an
der jetzt öden menschenleeren Stätte an einsamer Felswand

die Inschrift las: „Der König von Ober- und Unterägypten, der Sohn der Sonne Ramses", sinnend vor ihr stehen, die sitzenden Kolosse bekamen Leben, und ich fühlte mich im Geiste zurückversetzt in die glorreichen Zeiten jenes Pharao, dessen Bild sie darstellen, jenes mächtigen Herrschers, der den Riesengedanken fasste, den vom Nil umrauschten Felsen zu einem Tempel hier auszuhöhlen, um durch denselben und in demselben seinen Gott zu ehren, der schützend im Kampfe ihm zurSeite war und in Süd und Nord, in Ost und West ihm über seine Feinde den Sieg verlieh, um in demselben seine und seiner Krieger Heldenthaten in Bild und Schrift der Nachwelt zu erzählen. Der Gründer der Städte Pithom und Ramses stand vor mir und es fielen mir die Worte der Schrift ein: „Und sie bauten dem Pharao die Städte Pithom und Ramses als Vorrathsstädte." Da sah ich das geknechtete Volk Israël in harter Frohnarbeit die Steine zum Bau heranschleppen und weiter sah ich neben dem ägyptischen Herrscher seinen grossen Zeitgenossen, der in aller Weisheit Aegyptens erzogen, an dem Hofe des Pharao heranwuchs zu einem Helden des Geistes, jenen gewaltigen Mann, der zu den grössten Kulturheroën gehört, die dem Erdball für alle Zeiten ihre Fusstapfen eingedrückt haben[*]), der aus einem verknechteten und demoralisirten Haufen eine Nation schuf und ihr eine Religion des Lebens und des Geistes gab, durch welche er nicht blos auf Israël, sondern für alle Zeiten auf die Menschheit gewirkt. Doch verlassen wir jetzt das Gebiet der Erinnerungen, in welches die an der Aussenwand des Tempels eingemeisselte Inschrift uns geführt, und schenken wir nunmehr dem Monumente selbst unsere Aufmerksamkeit.

Ueberwältigend imposant ist die Wirkung dieses Bau-

---

[*]) J. Scherr, Geschichte der Religion.

werkes von Aussen und nicht minder überraschend wirkt durch Grossartigkeit und künstlerische Vollendung das Innere dieser mächtigen Felsenhallen. Welch' eine gewaltige Schöpfung architektonischer Kunst, welch' ein herrliches Gebilde ägyptischen Geistes und welche Sorgfalt bis in's kleinste Detail bei allen den Darstellungen und den sie begleitenden Inschriften, mit denen die hohen Wände von oben bis unten bedeckt sind! Staunen ergreift den Beschauer, wohin auch immer sein Blick fällt in diesen nicht einmal beim Lichte des Tages, sondern beim Scheine von Lampen ausgeführten und auf Lampenschein berechneten Kunstwerke.

Von allen antiken Bauwerken in ganz Aegypten und Nubien macht der grosse Felsentempel von Abu-Simbel den gewaltigsten Eindruck und seine Fronte hat nichts Aehnliches in der Welt. Dieser mehrfach von Reisenden ausgesprochenen Behauptung kann auch ich nur beipflichten. Das Souterrain auf dem Pyramidenfelde von Saqarah, welches in seinen langen Gängen, in Nischen zu beiden Seiten, die kolossalen Apissarkophage birgt, die Felsengräber von Beni-Hassan, die hohen Pylonen und weiten Höfe des Rampsinit im Tempel von Medinet-Habu, die Säle und Corridore in den thebanischen Königsgräbern, das Heiligthum der Hathor von Dendera und das des Horus von Apollinopolis, die luftigen, lichtvollen Tempel der Isis auf Philae sind unendlich grossartig, aber ihre Grösse ist doch immer eine menschliche. Drei Bauwerke jedoch giebt es im Nilthale, welche einzig in ihrer Art dastehen. Es sind dies die Pyramiden von Giseh, der Festsaal im Tempel von Karnak mit seinem Säulenwald und der grosse Felsentempel von Abu-Simbel. Diese drei Monumente gehören den übermenschlichen Phantasieen des Morgenlandes an, diese Säulen und Hallen gehören in das Reich der Geister oder der entthronten Titanen. Es ist der

Felsentempel von Abu-Simbel eben so tief durchdacht in
der Anlage, als er auf einer für die Ewigkeit berechneten
soliden Basis mit Geschick und Sorgfalt ausgeführt ist.
Die Sohle des Tempels liegt wohl nahe an 100 Fuss über
dem höchsten Wasserstande, so dass eine Gefahr für das
Heiligthum von Seiten des Stromes nicht zu besorgen war,
und schwer zu verkennen ist, dass man eine von Natur
abschüssige Felswand hier benutzte, um eine fast senkrechte
Fläche von etwa 100 Fuss Höhe und 120 Fuss Breite zu
ebnen. Aus der also mit Leichtigkeit gewonnenen Wand
wurde hierauf durch neue Bearbeitung das für die 4 Sitz-
bilder nöthige Material ausgespart, zwischen den beiden
mittleren Felsblöcken dann das Eingangsthor herausgehauen
und in dem Bauche des Felsens nun, so zu sagen, aus seinem eigenen Fleische der Tempel aufgebaut, die einzelnen
Säle und Kammern mit Aussparung des für die Karyatiden
und Pfeiler nöthigen Gesteins ausgehöhlt und schliesslich
das Ganze von aussen und innen bearbeitet. Aus der
Länge, Breite und Höhe der einzelnen Säle, Kammern und
Nischen hat man die Masse des herausgebrochenen Gesteins
berechnen können und stellt sich dieselbe auf nicht weniger
als 130,000 Kubikfuss, die erst von dem Felsen losgelöst
und durch das einzige Eingangsthor fortgeschafft werden
mussten, bevor die Künstler ihre Arbeit beginnen konnten.
Welch' eine Ausdauer! Dass man einen natürlichen Fels
hier benutzte, dafür spricht, wie dies mit Recht hervorgeho-
ben worden, die Stellung des Tempels, dessen Axe nicht
im rechten Winkel auf den Fluss stösst, wie dies sonst gewöhnlich ist, sondern die Fronte des Tempels ist, dem
Strome halb abgewendet, nach Nordost gerichtet und läuft
mit der gegenüber liegenden Felswand in einen spitzen
Winkel zusammen. Die 4 zu beiden Seiten des Eingangs
sitzenden Kolossalstatuen haben eine Gesichtslänge von
nicht weniger als 7 Fuss und von der Basis bis zur Spitze

der Kopfbedeckung beträgt ihre riesenmässige Höhe volle
60 Fuss, sie übertreffen also den Kopf der Juno Ludovisi,
der eine Gesichtslänge von 4 Fuss hatte, um 3, und den
berühmten Zeus des Phidias, welcher mit der Basis 52 Fuss
gemessen haben soll, noch um 8 Fuss. Doch nicht vor-
zugsweise die Kolossalität ist es, die unsere Bewunderung
hervorruft, weit mehr noch müssen wir staunen über die
hohe Vollendung der Arbeit, staunen, dass diese Statuen,
trotz ihrer enormen Grösse, durchaus keine Spur von Steif-
heit, absolut nichts Schwerfälliges und Plumpes an sich
haben, dass sie in der That den Eindruck machen, als
könnten sie von ihren Thronen herabsteigen, als könnten
sie zu ihrer ganzen Höhe, die dann nicht weniger als
85 Fuss betragen würde, sich aufrichten, staunen müssen
wir vor Allem darüber, dass es dem Bildhauer gelungen,
an diesen Riesenköpfen jeden Anflug von Starrheit im
Blicke auf's glücklichste zu vermeiden und ihnen nicht blos
den allgemeinen Typus des ägyptischen Kopfes zu geben,
sondern den reinen regelmässigen Formen jene Majestät
und würdevolle Ruhe zu verleihen, die wir als unverkenn-
bar lebenstreues Portrait des grossen Ramses an allen seinen mit Sorgfalt ausgeführten Statuen oder im Relief zur
Darstellung gebrachten Bildnissen wiederfinden. In Begei-
sterung für seinen grossen König hat der ägyptische Künstler mit kühner und geschickter Hand den riesigen Felsblock
hier zu einem Denkmal umgewandelt, herrlich und würdig
jener glorreichen Zeit, zu einem Denkmal, welches bestimmt,
dem aus dem Kataraktenthor von Semne heranrauschenden
Nil die Worte zuzurufen: Wie ich, König Ramses, die kurze
Spanne meines Lebens, als der Mächtigste auf Erden, ge-
fürchtet im Auslande und verehrt von den Meinen, fest auf
meinem Throne sass, so will ich hier Jahrtausende lang an
dieser Felswand sitzen, selbst Deine Klippen durchbrechen-
den schäumenden Wellen sollen mein Fundament nicht er-

schüttern, und die Vorüberfahrenden sollen in staunender
Bewunderung vor meinem Bilde hier anhalten, ausrufend:
Der dort oben an der Felswand sitzt, das ist Aegyptens
Heldenkönig, der Liebling der Götter, welcher, mächtiger
als irgend ein Fürst der Erde, einst in diesem Lande
herrschte, das ist Ramses, der Besieger Aethiopiens und
Asiens, der Erbauer von Karnak und Abu-Simbel!

Wie wir an christlichen Gotteshäusern nicht selten das
Bild des heiligen Schutzpatrons angebracht finden, dem die
betreffende Kirche geweiht ist, und nach dem sie dann auch
in der Regel ihren Namen führt, so erblicken wir in ähnlicher Weise an unserem ägyptischen Heiligthum in einer
Nische über dem Eingangsportale die schützende Gottheit
des Tempels, den sperberköpfigen Sonnengott, der hier
speciell seinen Kult hatte. Ihm zur Seite rechts und links
steht in Adoration der König, beidemal dem Gotte eine
kleine Statue überreichend und zwar die der Göttin der
Gerechtigkeit, ägyptisch „Ma“, aus welchem Worte, mit
Vorsetzung des weiblichen Artikels „ta“, wohl zweifellos
das griechische „Themis“ entstanden ist. Die Göttin sitzt
auf einem eine Trinkschale darstellenden Zeichen „⏤“,
welches die durch Hunderte von Beispielen gesicherte Be-
deutung von „Herrschaft, Herrscher, Herr“ hat ⚱.

Wir werden also wohl nicht irren, wenn wir diese durch
die Vereinigung der beiden hieroglyphischen Zeichen aus-
gedrückte symbolische Handlung als ein dem Gotte darge-
brachtes Gelübde deuten: „Ich will ein gerechter
Herrscher sein“, sagt der König durch diese Spende
zu dem am Eingange des Tempels stehenden Gotte. Und
zu den Füssen des Gottes lesen wir in einer hieroglyphischen Inschrift die Antwort auf dieses Gelübde, sie lautet:
„Rede des Sonnenhorus der beiden Horizonte
(d. h. der auf- und niedergehenden Sonne): Wir geben

Dir die Dauer des aufgehenden Ra, und die Jahre
des untergehenden Atum“, mit anderen Worten: Un-
vergänglich sollst Du sein wie die auf- und niedergehende
Sonne am Himmel.

An dem Gesims, an der Aussen- und Innenseite des
Einganges, an Armen und Beinen, auf Brust und Gesicht
der Kolosse, überall, wo nur immer eine Hand hat hin-
kommen können, haben Touristen aus aller Herren Länder
schonungslos ihre Namen eingekratzt und aufgeschmiert.
Diese von den gebildeten Reisenden des 19. Jahrhunderts
an fast allen zugänglichen ägyptischen Monumenten verübte
Entweihung hat hier, am Tempel von Abu-Simbel, eine *in
malam partem* in der That bewundernswerthe Höhe erreicht.
Ein Amerikaner*), der vor einigen Jahren Aegypten und den
Sudân bereiste und in einer anziehenden Beschreibung seine
Reiseerlebnisse schildert, giebt daselbst, wo er auf Abu-
Simbel zu sprechen kommt, seiner Entrüstung über diese
Denkmälerentweihung folgenden Ausdruck: „Die lächerliche
Eitelkeit der Touristen“, heisst es, „hat auch diese erhabenen Denkmale nicht geschont, von oben bis unten sind sie
mit den Namen adliger und nicht adliger Narren bedeckt,
der Preis für Unverschämtheit jedoch gebührt einem Deutschen, ich will ihm den Gefallen nicht thun, seinen Namen
zu nennen, den er in mehr als fusslangen Buchstaben auf
den Oberschenkel einer der Statuen eingehauen und dann
mit schwarzer Farbe ausgefüllt hat. Mit unendlichem Ver-
gnügen würde ich es sehen, wenn er in der hier landes-
üblichen Sitte eine unbarmherzige Bastonade auf denselben
Theil seines Körpers erhielte, ja es würde keine zu grosse
Strafe für eine solche Entweihung sein, wenn sich eine von
den Statuen jede Nacht seines Lebens auf seine Brust setzte
wie ein Alp.“ Der hier verschwiegene Name, über dessen
Vorhandensein an der betreffenden Stelle auch ich mich

*) Taylor.

2

geärgert und den ich jetzt, ohne die Persönlichkeit dadurch zu verrathen, getrost nennen kann, ist wunderlicher Weise kein anderer, als der in jedem deutschen Adressbuche in tausendfacher Wiederbolung sich findende Name Müller. Man wird mir zugeben, dass ein hoher Grad von Rohheit dazu gehört, um auf einem durch 3000jähriges Alter ehrwürdigen Kunstwerke seinen Namen Müller in der angegebenen Weise einzugraben. Doch wenden wir uns jetzt von diesen ägyptischen Inschriften jüngeren Datums ab, überlassen wir Herrn Müller seiner Unsterblichkeit an der Aussenwand des Tempels und treten wir in das Innere ein.

Wir gelangen in dasselbe durch ein etwa 10 Fuss breites, 15 Fuss tiefes und 20 Fuss hohes Portal, gegenwärtig beinahe bis zum obern Gesims verschüttet durch einen von der Spitze des Felsens goldfarbig herabrieselnden Strom feinen Flugsandes, den aus der angrenzenden Wüste der von Norden kommende Wind auf der andern Seite des Gebirges unausgesetzt bis auf den Gipfel desselben hinaufträgt.

14 Räume, in verschiedener Grösse hinter und neben einander angelegt, bilden das Innere des Tempels, doch müssen wir, weil von robester Ausführung und in gar keiner Harmonie mit der ganzen Anlage, die seitwärts angebrachten Kammern wohl als eine spätere Erweiterung des Baues betrachten. Thun wir dies, denken wir uns die schief herausgebauenen Seitenkammern fort, dann hat dieser Innenbau grosse Aehnlichkeit mit einem Seitenflügel des in Thuthmosis-Zeit, also einige Jahrhunderte früher, aufgeführten Terrassentempels von Dêr el bacheri auf der Westseite von Theben in Oberägypten, wiewohl jener von bedeutend kleineren Dimensionen und auch dadurch unterschieden, dass er halb Freibau, halb Felsentempel ist. Jedenfalls dürfen wir annehmen, dass der Baumeister von Abu-Simbel die zu seiner Zeit noch wohl erhaltenen, ja, laut den Inschriften daselbst, grade unter den Ramessiden

mehrfach restaurirten Thuthmosisballen gekannt und studirt,
und mögen von ihm dieselben, wo zum Theil ganz ähnliche
Bedingungen gegeben waren, bei der Ausführung seines
Baues berücksichtigt worden sein.

Was nun den Innenbau betrifft, so waltet hier überall
derselbe hohe Geist, welcher die Kolosse an der Aussenwand entstehen liess, derselbe hohe Geist in Anlage und
Ausführung. Die ganze Tiefe, wenn man die 15 Fuss,
welche auf das Eingangsportal kommen, mitrechnet, beträgt
bis zur Rückwand der Cella 150 Fuss und die grösste
Breite mit Einschluss der Seitenkammern wohl ebensoviel.
8 stehende, an vierseitige Pfeiler gelehnte Kolossalstatuen
von 30 Fuss Höhe tragen die Decke des ersten grossen
Saales. — Den linken Fuss vor den rechten gesetzt, eine
vorschriftsmässige Stellung bei aufrecht stehenden altägyptischen Statuen, die Arme über die Brust gekreuzt und Krumm-
stab und Geissel, die Symbole der Macht und Herrschaft
in den Händen haltend, stehen diese 30 Fuss hohen Riesen
in zwei gewaltigen Reihen, immer einer dem andern gegenüber, unverwandt sich in das ewig gleiche, steinerne Antlitz schauend. „Der König von Ober- und
Unterägypten, der Herr der beiden Länder, der Herr, welcher Alles vermag, der Sohn der Sonne Ramses" sagt, die
kolossalen Deckenträger deutend, eine in grossen Hieroglyphen an jedem der 8 Pfeiler eingemeisselte Inschrift.
Die zweite, bedeutend kleinere Halle, in welche man aus
der ersten durch zwei Thüren gelangt, wird gestützt von
vier eben solchen Pfeilern, je zwei in einer Reihe, und der
nun sich anschliessende dritte Raum, wiederum kleiner als
der vorhergehende, ist ganz ohne Deckenträger. An seiner
Hinterwand befinden sich drei Thüren, von denen die beiden zur Seite in kleine Kammern führen und die mittlere
den Eingang bildet zu dem letzten Heiligthum, an dessen
Rückwand, etwas über Lebensgrösse, auf einer natürlichen

Felsstufe vier Statuen sitzen. In derselben Haltung, wie die an der Aussenwand des Tempels und ebenfalls aus dem natürlichen Fels gearbeitet, stellen sie, laut den beigegebenen Inschriften, den Erbauer des Tempels König Ramses dar, neben welchem zur Rechten der Gott von Theben und der von Memphis „Amon Ra, der Herr des Himmels" und „Ptah, der Herr der Gerechtigkeit" thronen, zur Linken der sperberköpfige Sonnengott Horus, der, wie ausserhalb über dem Eingangsportal, in der Beischrift genannt wird, „Horus der beiden Horizonte, der im Tempel der Veste des Ramses Wohnende". — Ich kann nicht verhehlen, dass auch auf mich diese sitzende Gestalten, wie die an die Pfeiler gelehnten Riesen einen etwas schaurigen Eindruck machten. Wie gewaltig und überwältigend muss erst der Eindruck gewesen sein, wenn ehedem in feierlicher Procession die gläubige Menge in die vom magischen Halblichte beleuchteten Felsenhallen eintrat.

Betrachten wir nun die der grossartigen Anlage durchaus würdige Ausschmückung der einzelnen Räume in Bild und Schrift, so finden wir, dass der Inhalt der mit Geschick und Sorgfalt ausgeführten Skulpturen, die überall an Wänden und Decken, Thüren und Pfeilern in reichster Fülle angebracht sind, zum Theil ein historischer, zum Theil ein religiöser ist. —

Wenn Hengtenberg in seinem Werke: „Die Bücher Mose's und Aegypten" sagt: „Die Aegypter, ein Volk, das ebenso wenig wie die Inder historischen Sinn hatte", so ist das in der That ein für einen Aegyptologen Haarsträuben erregender Ausspruch und dürfte sich unter den Vertretern unserer Wissenschaft wohl schwerlich einer finden, der im Stande wäre, dieser Ansicht des berühmten Professors der Theologie beizustimmen. Ich bin fest überzeugt, dass vielmehr alle auf der Seite von Ebers stehen, der in der Vorrede zu seinem „Aegyten und die Bücher

Mose's" Herrn Professor Hengstenberg auf den vorerwähnten Ausspruch antwortet: „Welcher Nation sollen wir denn aber historischen Sinn zuschreiben, wenn wir ihn derjenigen absprechen wollen, welche die Namen und Thaten ihrer Könige auf die Mauern der Tempel und an die Wände der Gräber in chronistischer und epischer Darstellungsweise schrieb, damit sie von den spätesten Enkeln gelesen und gepriesen würden, 'die ihre Wohnhäuser und Grüfte, ja selbst das Handwerkzeug mit Hieroglyphen bedeckte, auf dass selbst der Name des Privatmanns fortlebe unter den Menschen?" Ganz im Gegensatz zu dem von Hengstenberg Behaupteten, finden wir, dass grade in der Denkweise der alten Aegypter auffallender als bei irgend einem andern Volke das Bestreben hervortritt, das in der Zeit Vergehende festzuhalten, das in der Gegenwart Geschehende für die Zukunft zu fixiren, es in Bild und Schrift der Nachwelt zu überliefern. Von diesem historischen Sinne geleitet, haben sie die Denkwürdigkeiten ihres weltgeschicht-Daseins in der gigantischen Lapidarschrift ihrer Pyramiden und Obelisken, ihrer Sphinxalleen und Säulenhallen aufgezeichnet und sie als steinerne Urkunden an den Wänden ihrer Tempelpaläste und Grabkammern niedergelegt. Und andererseits „übertrafen die Aegypter", wie schon der Vater der Geschichte Horodot so richtig bemerkt, „alle übrigen Völker an Frömmigkeit". Das unerschütterliche Vertrauen zu dem Herrn des Himmels und der Erde, wie es in den Inschriften heisst, zu ihm dem Unerschaffenen, dem Schöpfer der Oberen und der Unteren, der da von Ewigkeit her war und in alle Ewigkeit sein wird, das Vertrauen zu der allmächtigen, in Allem wirkenden Gottheit und die in inniger Dankbarkeit ihr dargebrachte Verehrung, welche in einem nach den herrlichsten Gesetzen der Moral geregelten Leben die alten Aegypter erfüllte, dafür treten tausende von Denkmälern in ihrer uns jetzt verständ-

lichen Sprache als beredte Zeuge auf. Etwas geschaffen zu
haben während der irdischen Pilgerfahrt und, geliebt und geehrt, sein Leben in einem Gott ergebenen Sinn, in Wahrheit und Gerechtigkeit, in Sittenreinheit und Nächstenliebe
verbracht zu haben, diesen Nachruf zu erringen, galt ihnen
als das höchste Ziel des Daseins. Zum Belege für das eben
Gesagte möge mir gestattet sein, einige altägyptische Texte
in wortgetreuer Uebersetzung mitzutheilen. Ich mache den
Anfang mit einer auf einem Grabsteine befindlichen Inschrift, die ich wegen eines darin erwähnten Festtages in
meinen „Altägyptischen Kalenderinschriften" publicirt habe.
Die Inschrift gehört zu denjenigen, welche bei dem heutigen Standpunkte unserer Wissenschaft der Entzifferung
keine besonderen Schwierigkeiten bieten, und wird ihr wohl
folgende Uebersetzung zuertheilt werden dürfen: „Verehrung
dem Osiris im Westen, dem guten Wesen, dem grossen
Gotte, dem Herrn von Abydos, der Isis, der grossen göttlichen Mutter und der Nephtis, der göttlichen Schwester,
dem Horus, dem Vertheidiger seines Vaters, dem Wege-
führer Anubis, dem Herrn der Unterwelt und dem Anubis
in der göttlichen Halle, den Göttern und Göttinnen von
Abydos. Mögen sie bewilligen die Todtenopfer an Speisen
und Getränken, an Rindern und Geflügel, an Wein und
Milch, an Libationen, Weihrauch, Oel und Kleidungsstof-
fen, an allen guten und reinen Dingen, allem Süssen und
Angenehmen, welches schenkt der Himmel, was hervorbringt
die Erde und was herbeiführt der Nil aus seiner Quelle,
göttliches Leben (kommt) dadurch der Person des zum
Osiris Gewordenen (d. h. des Verstorbenen), Lenkers des
Steuers, Basilicogrammaten im Süddistrikte, Schreibers der
Domäne und der Tempeleinkünfte des Osiris, Schreibers der
Verwaltung, Schreibers der Halle im Tempel von Abydos,
Schatzmeisters des dritten und vierten Priesterkollegiums im

Tempel von Abydos (🔲), vierten Prophe-
ten und Hierogrammaten der Amonsbarke „Amon-user-ha.t",
vierten Propheten des Osiris-Upek, Namens Horus, des
Verstorbenen, der ein Sohn des zum Osiris gewordenen
Lenkers des Steuers, Basilikogrammaten Petharpokrates, des
Verstorbenen, geboren von der Herrin des Hauses Tachita,
der Verstorbenen." — Nach diesem Anruf an den Todten-
richter Osiris und die Mächte der Unterwelt, nach Herzäh-
lung der Titel und Würden des Verstorbenen und namhafter
Aufführung seines Vaters und· seiner Mutter, wird der Verstorbene nun, wie gewöhnlich in diesen Texten, redend ein-
geführt, sich richtend an die nach seinem Tode in sein
Grab Kommenden und seine Rede lautet also: „Er spricht:
„O ihr Lebenden auf der Erde, ihr Priester und Propheten
alle, die ihr kommt zu diesem Gefilde des Todes, die ihr
eintretet in diese Grabkapelle, die ihr schaut diesen Leichen-
stein, bleibet stehen und höret meine Rede, nicht ruhe euer
Mund im Aussprechen (sie), nicht werdet müde im Wieder-
holen (sie) an dem Orte der Weisheit. Ich war ein Mann,
der Liebe erwies seinem Vater und Verehrung seiner Mutter,
der gerecht war zur Freude seiner Brüder, von dessen Lobe
die Leute voll waren, und der gern gesehen war bei Jeder-

mann an seinem Orte (🔲)
         dn-nu   ab   χer bu   neb nu nutef

Ich habe gegeben Brod dem Hungrigen, Wasser dem Durstigen und Kleider dem Nackten. Ich habe gebracht Speise
den lebenden heiligen Thieren, dem Ibis, dem Sperber, der
Katze und dem Schakal, sie ehrend durch Oel und Gewän-
der. Aufgenommen habe ich den Vornehmen wie den·Ar-
beiter von der Strasse, die Thore waren geöffnet den von
Draussen Kommenden, gewährend ihnen das zum Lebens-
unterhalt Nöthige. Und es wandte .Gott sein Antlitz auf

mich (⟨hieroglyphs⟩). Als Lohn für das, was ich gethan,

ertá nuter hi.f ra

gab er mein Alter auf Erden in einer langen und angenehmen Dauer, es waren Kinder, zahlreiche, zum Schutze meiner Füsse, der Sohn sass vor dem Antlitz seines Sohnes
an dem Tage des Hinganges zum ewigen Leben, welcher
war ein grosser Festtag für die Bewohner der Stadt. Die
Einbalsamirung wurde vorgenommen im Namen des Anubis,
die Bestattung war eine herrliche. Ich wurde eingewickelt
in kostbare Binden. Der Nuter-aa war mit Hieroglyphen
verziert, der Neb-anχ war von Ket-Holz aus dem Lande
Ap-chet, der Han von Sycomorenholz und der Teb der
grosse von Kalkstein, so schön dass alle die daran arbeiteten
ihre Freude darüber halten.“ (Es sind dies die Namen der
verschiedenen Holz- und Steinsärge, von denen immer einer
in den andern gestellt wurde.) Wohl zu beachten, dass es
hier, wie in vielen Hunderten von anderen Texten, heisst:
Gott und nicht die Götter. Trotz der vielen Formen,
unter denen man die Gottheit, oder vielleicht besser gesagt
die verschiedenen göttlichen Eigenschaften und Kräfte sich
anschaulich machte, trotz der vielen, vielen Götter, bald
als Menschen, bald als Menschen mit Thierköpfen abgebildet, hier so, dort anders genannt und gestaltet, trotz alle
dem war die ägyptische Religion in ihrer Reinheit Monotheismus. War es auch noch nicht jener Monotheismus,
mit welchem Moses, der Schüler ägyptischer Priester, sein
Volk beschenkte, so geht doch der Glaube an eine, über
allem stehende und in allem waltende ewige Gottheit aus
einer Menge von Inschriften auf's Deutlichste hervor. Selbst
die heiligen Thiere waren, ob auch im rohen Glauben der
ungebildeten Masse des Volkes verkörperte Götter, in den
Augen der Eingeweihten und Verständigen nichts anderes
als Personifikationen der verschiedenen in der Welt zur Er-

scheinung kommenden Kräfte der Gottheit, sie waren, wie
Lauth in seinem „Manetho" sehr richtig bemerkt, „nur
Symbole des einen göttlichen Geistes nach seinen
verschiedenen Richtungen." Auf einem anderen Grabsteine, der sich in der Münchener Glyptothek befindet, wo-
selbst ich ihn copirt und nachher vor der Publikation noch-
mals sorgfältig mit einer mir von Lauth zur Disposition ge-
stellten Copie verglichen habe, dort heisst es (cf. „Altägypt.
Kalenderinschriften Tafel XLVI) in ähnlicher Weise: „O,
ihr Lebenden auf der Erde, ihr alle, die ihr kommt zu diesem Heiligthum, kennend seinen Eingang, ihr, die ihr aus-
breitet Weisheit über die ganze Erde (𓂃)

puka-u aker-u nu la

𓂃), die ihr disputirend streitet in Schriften (𓂃

. *her fu-f*

schreiben, Geschriebenes, Buchstabe*), die ihr vertraut seid
mit der heiligen Sprache, bleibet stehen und höret meine
Rede, nicht sei sie eine schwere Last für euch. Erkennet
wie vollkommen der Zustand eines jeden auf dem Wege
Gottes Wandelnden ist (𓂃

req ten-u ma meny seqeru en kem

.. 𓂃). Ich war einer der schon berechnete

neb hi her-t nuter

bei der Geburt von seiner Mutter, nicht war Frevel und
Thorheit in ihm jemals (𓂃

nuk heseb er mes en mut-f nen

𓂃)**) Ich übte aus Gerechtigkeit

neki abab hi-f har-neb

---

*) cf. Brugsch, Lexikon p. 1642.
**) Die Stelle ist etwas schwierig zu übersetzen. Jedenfalls ist die von
wir gegebene Uebersetzung philologisch gerechtfertigt und ebenso scheint

und hasste die Lüge, ich speiste den Hungrigen, tränkte den Durstigen, kleidete den Nackten und gab Wohnung dem Obdachlosen. Ich habe gethan ihm, was er that mir (d. h. mit Gleichem habe ich vergolten den Menschen, was sie an mir gethan). Der grosse Gott, nicht vernichtete er, was ich gethan. Ich wurde geboren, um durch mich allein zu schaffen mir Vieles, handelnd nach dem Befehle, welcher herausgeht aus seinem Munde. Er stellte auf meine Häuser, habend Speise für den Mund zum Unterhalt. Bleibet auf dem Sitze eurer Väter und mögen bleiben eure Söhne auf euren Sitzen!"

Euer Leben sei ein Wandel in Wahrheit und Sittenreinheit und freuet Euch mit den Fröhlichen! Dieses ebenfalls echt christliche Gebot findet sich auf einem Steine, dessen Erwerbung die Wissenschaft Herrn Mariette-Bey verdankt. Der Stein ist im Bulaqer Museum aufgestellt und die Rede des Verstorbenen lautet auf demselben wörtlich also: „Ich liebte die Wahrheit und hasste den Frevel, denn „mir war bekannt was Gott ein Greuel ist. Ich war liebend „jeden fröhlichen Festtrank." In einem der Edfa gegenüber liegenden Gräber von El-Kâb wird von dem Verstorbenen in einer Inschrift, welche Brugsch mittheilt, gesagt: „Er liebte seinen Vater und ehrte seine Mutter, er lebte in Frieden mit seinen Brüdern und ging nie zornigen Herzens aus seinem Hause. Den Vornehmen zog er dem Geringen niemals vor", und in einem anderen Grabe ebendaselbst: „Ich war ein verständiger und kluger Mann auf Erden und mein Herz liebte Gott allezeit. Den Vornehmen war ich ein Bruder, den Armen ein Vater, und niemals streute ich Hass aus unter Menschen." Die kaiserliche Bibliothek zu Paris bewahrt gegenwärtig als kostbares Eigenthum den

---

mir der Sinn ein zu den übrigen Aussprüchen passender. Der Verstorbene will sagen: Schon als Kind war ich verständig, niemals kam Böses und Thörichtes mir in den Sinn.

ältesten uns erhaltenen Papyrus, der aus den ehrwürdigen
Zeiten des Pyramidenbaues stammt und in welchem, wie
Brugsch treffend bemerkt, ein ägyptischer Königssohn
Namens Ptahhotep „in ächt philosophischem Sinne und
in ruhiger besonnener Weltanschauung alle nur mögliche
Lebensverhältnisse behandelt und seinen Zeitgenossen Lehren
der Weisheit predigt, die den salomonischen in keiner Weise
nachstehen." Durch eine äusserst sorgfältige Publikation
des Herrn Prisse ist das werthvolle Schriftstück dem Studium zugänglich geworden, und Herr Chabas, dessen
Scharfsinn schon über so manche unüberschreitbar schei-
nende Kluft eine sichere Brücke geschlagen, hat nachher
als der Erste sich an den der Entzifferung grosse Schwierigkeiten bietenden Text gewagt und einen nicht unbedeu-
tenden Theil desselben in seiner „Le plus ancien livre du
monde" betitelten Arbeit der Interpretation unterzogen.
Nach ihm haben dann Andere einzelne Abschnitte des
merkwürdigen Dokumentes behandelt. Wie wir vorher das
„Freuet euch mit den Fröhlichen!" lasen, so finden wir
hier das Einhalten des richtigen Maasses im fröhlichen Ge-
nusse anempfohlen. In einer Stelle, die ich zur Erklärung
einer hieroglyphischen Gruppe p. 29 meiner „Bauurkunde
von Dendera" herbeigezogen habe, preist der fürstliche
Autor seinen Zeitgenossen die Tugend der Mässigkeit mit
den Worten an: „Eine Schale Wasser löscht den Durst
„und ein Mund voll Schuu (eine Frucht oder essbares Kraut)
„sättigt," und in der nächstfolgenden Zeile, wo von dem
Säufer die Rede ist, dort heisst es: „Er ist einsichtslos, keine
Macht der Rede vermag etwas über ihn." Ein besonderes
Capitel in diesen Abhandlungen ist der Tugend des Ge-
horsams gewidmet; es trägt die Ueberschrift:

„Die Tugend der Gehorsamkeit eines folgsamen Sohnes,
„der einhergeht als ein Gehorsamer in Gehorsamkeit."
Obwohl, wie bereits bemerkt, der ganze Text schwer zu
übersetzen ist, so glaube ich doch folgende Uebersetzung
dieses Capitels wagen zu dürfen: „Es entsteht Gehorsam-
„keit durch den Gehorsamen. Schön ist Gehorsamkeit; ein
„herrliches Wort! Jeder Gehorsam ist eine Tugend und es
„leuchtet hervor der Gehorsame durch Gehorsamkeit. Schöner
„jedoch als jeder andere ist der Gehorsam, der da entsteht
„aus Liebe. Zweimal herrlich, wenn aufnimmt ein Sohn die
„Rede seines Vaters; er wird alt werden deshalb. Die Liebe
„Gottes ist mit dem Gehorsamen, der Ungehorsame aber ist
„Gott ein Greuel. Siehe, das Herz macht seinen Besitzer
„zu einem Gehorsamen oder Ungehorsamen; Wohl und
„Wehe eines Menschen hängt ab von seiner Sinnesart."

anχ ufa seneb en sa āb-f

wörtlich übersetzt: „Leben, Heil
und Wohlsein eines Menschen ist
sein Herz.") „Wer gehorsam ist,
„gehorcht einer Ermahnung willig; gehorsam sein, heisst
„handeln nach guten Vorschriften. Gehorcht ein Sohn sei-
„nem Vater mit Freude, wird das gesagt von einem Sohne,
„dann wird er gern gesehen sein bei Jedermann. Wer in
„Gehorsamkeit hört auf das zu ihm Geredete, dem wird es
„wohl gehen an seinem Leibe, der wird geehrt sein bei
„seinem Vater, und sein Lob wird sein in dem Munde aller
„Lebenden, die auf der Erde wandeln. So wird es sein. —
„Wenn aufnimmt der Sohn eines Mannes die Rede seines
„Vaters, dann wird nicht Niedrigkeit kommen über seine
„Verhältnisse irgendwie. Erziehst du dir an deinem Sohne
„einen gehorsamen Menschen, dann wird er auch vollkom-
„men sein nach dem Wunsche der Mächtigen." Und weiter
wird in demselben Papyrus in einer anderen Stelle, die ich
nach einer von B r u g s c h gegebenen Uebersetzung mittheile,
in Bezug auf Erziehung gesagt: „Wenn du ein verständiger

„Mann bist, so erziehe deinen Sohn in der Liebe zu Gott.
„Ist er brav und arbeitsam, und mehrt er dein Besitzthum
„im Hause, so gieb ihm den besten Lohn. Ist aber der
„Sohn, den du gezeugt hast, ein thörichter Mensch, so
„wende dein Herz nicht von ihm ab, du bist sein Vater,
„ermahne ihn! Wenn er aber lasterhaft lebt, dein Gebot
„übertritt, alle Ermahnungen missachtet und sein Mund mit
„bösen Worten angefüllt ist, so schlage ihn auf seinen Mund,
„gleichwie er es verdient." — „Wenn du vornehm geworden
„bist, nachdem du gering gewesen" — um noch diesen einen
Weisheitsspruch des „ägyptischen Salomo" anzuführen —,
„Schätze sammelnd, nachdem du Mangel gelitten, und wenn
„du nun, der Erste in der Stadt, bekannt wirst wegen deiner
„begüterten Lage und zu oberst sitzest, so werde nicht über-
„müthig ob deines Reichthums, denn der Urheber des Segens
„ist Gott. Versuchte nicht den anderen, welcher ist gleich
„wie du warst, er bleibt dein Nächster." Wie deutlich geben alle diese Texte uns Kunde von der hohen Stufe der
Moral und reinen Gotteserkenntniss, zu welcher bereits die
alten Aegypter sich erhoben und wie sagen sie uns mit
klaren Worten, wie schon Jahrtausende, bevor der Apostel
den Ausspruch that: „Und wenn ich mit Engelzungen re-
dete und hätte der Liebe nicht, so wäre ich ein tönendes
Erz oder eine klingende Schelle!" den Bewohnern des Nilthales bereits die Befolgung des. Gebotes: „Liebe deinen
Nächsten!" als eine der heiligsten Pflichten galt. — Und in
den historischen Berichten, an den Pylonen und den Aussen-
und Innenwänden der Tempel, auch da sehen wir, wie es
jederzeit die waltende Gottheit ist, der in den Gefahren des
Kampfes, wie in der freudigen Feier des glücklichen Sieges
Gebet und Danksagung zu Theil wird. Aus der Hand seines
Gottes nimmt in symbolischer Darstellung der König das
Siegesschwert, zu seinem Gotte fleht er um Kraft inmitten
des Kampfgewühls, vor seinem Gotte beugt er nach been-

deter Schlacht das Knie und zu seinem Gotte führt er die
gefangenen Fürsten und die erworbenen Kriegsbeute, wenn
er im Tempel des Amon seinen feierlichen Einzug hält.
„Vernichtet sind unsere Feinde, in Ohnmacht liegen die
„Empörer, schauet die endlose Gnade, welche der König
„der Götter dem ägyptischen Königshause erwiesen!" lautet
eine Stelle der Thronrede, mit welcher König Rampsinit im
Tempel von Medinet-Habu die Grossen und Würdenträger
seines Reiches begrüsst. „Danket dem Herrn, denn er ist
freundlich, und seine Güte währet ewiglich!" lesen wir in
Bild und Schrift tausendfach wiederholt in jedem ägyptischen
Tempel, in jedem ägyptischen Grabe. Die Heldenthaten des
grossen Königs und seines Volkes und der der Gottheit, sei
es unter dem Namen Amon oder Ptah, Seb oder Thoth,
Horus oder Osiris, durch Opferspenden dargebrachte Dank,
sind denn auch an den Wänden des Tempels von Abu-Simbel
die beiden grossen Motive, welche überall, wohin in den
weiten Hallen den Blick wir richten, uns entgegentreten.

Schenken wir nun zum Schlusse noch einem dieser Gemälde und den dasselbe begleitenden Inschriften unsere Aufmerksamkeit. Ich wähle aus der Fülle von bildlichen Darstellungen das grosse historische Gemälde aus, welches dem
Beschauer gleich beim Eintritt in den ersten Saal auf der
linken Wandseite in die Augen fällt. Im wilden Schlacht-
getümmel, alle Kämpfenden durch Grösse überragend und
ausgezeichnet durch Majestät und würdevolle Ruhe in der
Haltung, erblicken wir auf demselben den König, in der
Nähe einer am Wasser gelegenen Festung, auf seinem von
feuerschnaubenden Rossen gezogenen Streitwagen vorwärts
stürmen. Pfeil auf Pfeil sendet er in die Reihen der flie-
henden Feinde; hier wird ein Wagenlenker tödtlich ver-
wundet von seinem umgestürzten Wagen herabgeschleudert,
dort ein zu Boden geworfener Krieger von den Hufen der
Rosse zertreten, überall wahrheitsvolles Leben in diesem

mit grossem Geiste in kühnen Umrissen gezeichneten und mit bewundernswerther Sorgfalt ausgeführten Schlachtgemälde. Der König befindet sich, wie aus den beigegebenen Inschriften hervorgeht, mit seiner Armee in Asien. Dort erblicken wir ihn an den Ufern des syrischen Orontes , *Arunta* in den Hieroglyphen genannt), in der Nähe der Festung Kadesch (wohl das semitische קרש „heilig", also der heiligen Stadt). Kadesch war ein strategisch wichtiger Punkt, welcher in den Kriegen zwischen Aegypten und Asien eine hervorragende Rolle spielte. Es lag, wie Herr Chabas in seiner „Voyage d'un Égyptien" p. 110 bemerkt[*]), zwischen Chilbu (dem heutigen Aleppo) und Makta, dem מגד der Bibel, letzteres am bekanntesten durch die Schlacht, welche hier Josias von Juda gegen den Aegypter-König Necho verlor.

Etwa 700 Jahre vor der Schlacht des Necho bei Megiddo galt es am Orontes einen Kampf, von dessen Ausgang es abhing, ob Asiens Fürsten noch ferner unter ägyptischer Oberhoheit sich beugen sollten, es galt den Kampf gegen ein grosses Bündniss asiatischer Völker, an dessen Spitze die mächtigen Cheta standen, welche bereits unter König Sethos, dem Vorgänger des Ramses, wie auch noch eine Reihe von Jahren nach diesem Kriege den Aegyptern viel zu schaffen machten, bis endlich Ramses im 21. Jahre seiner Regierung, also 16 Jahre nach jener ruhmreichen Schlacht, von der die Wände des Tempels in Abu-Simbel uns Kunde geben, mit ihrem Fürsten Chetasar einen ewigen Frieden, oder richtiger gesagt, ein Schutz- und Trutzbündniss abschloss, welches Friedenswerk

---

[*]) cf. auch Brugsch, Geographie II. p. 22.

er dann später noch durch eine Vermählung mit der Tochter des neuen Verbündeten krönte. Eine Wand des Tempels von Karnak hat uns jenen markwürdigen Vertrag*),

---

*) Von Brugsch, Goodwin, E. de Rougé und am eingehendsten unlängst von Chabas („Voyage" p. 332—345) ist dieser beachtenswerthe Text behandelt worden. Mit jenem Scharfsinn, den wir an dem ausgezeichneten Uebersetzer zu bewundern gewohnt sind, und in einer, wie mir scheint, durchaus richtigen Deutung des hieroglyphischen Urtextes hat Herr Chabas von den noch erhaltenen 36 Zeilen der Inschrift eine fortlaufende Uebersetzung gegeben und aus dieser dann die einzelnen Paragraphen, im Ganzen 29, aufgestellt. Zur Probe will ich die ersten 14 Paragraphen hier mittheilen:

I. Das Datum des Abschlusses unter der Regierung Ramses II., in altägyptischer Manier ausgedrückt.

II. Angabe der Stadt, in welcher die Ratifikationen ausgetauscht wurden, nämlich Pa-Ramses-Miamon, wohl das Ramses im Delta, die Stadt, bei deren Erbauung, nach den Berichten der Schrift, die Hebräer mitarbeiten mussten.

III. Die ägyptische Copie des in der Cheta-Sprache abgefassten Originals, welches, auf einer Silbertafel eingegraben, Fürst Chetasar durch zwei Botschafter überreichen lässt.

IV. Der Titel der Urkunde, wie er im Cheta-Original lautete.

V. Eine historische Vorrede, welche Verträge erwähnt, die schon früher zwischen den beiden Nationen abgeschlossen worden und ebenso des Krieges Erwähnung thut, dem der neue Vertrag ein Ziel setzen sollte. Dieser Krieg war angestiftet worden durch Mautur, den Bruder und Vorgänger des Chetasar, welcher kriegerische Fürst in besagtem Kampfe den Tod fand, wie wir aus dem folgenden Paragraphen erfahren.

VI. Bedingungen des Friedens und des Bündnisses. Man erinnert an den gewaltsamen Tod des Cheta-Fürsten, der die Feindseligkeiten gegen Aegypten begonnen. Sein Nachfolger Chetasar — der Fürst nämlich, der den Vertrag aufsetzt — bekundet seine freundlichen Gesinnungen dem Könige von Aegypten, und seine Absicht, mit diesem Souverain ein Bündniss einzugehen, das dauernder sein solle als alle vorangegangenen, der Friede und das Bündniss zwischen den beiden Monarchen solle fortdauern unter Kindern und Kindeskindern und solle als natürliche Folge einen ewigen Frieden zwischen beiden Nationen bewirken.

VII. Der Cheta-Fürst verpflichtet sich, auf ägyptischem Gebiete keine Razzia mehr vornehmen zu lassen, und Ramses II. geht eine entsprechende Verpflichtung seinerseits ein.

der zwischen Ramses und Chetasar abgeschlossen wurde, in seinen Hauptparagraphen erhalten, und eine Weihinschrift an der Aussenwand des Tempels von Abu-Simbel, datirt aus dem 34. Jahre der Regierung des Ramses, zeigt uns in der im obersten Felde angebrachten bildlichen Darstellung die asiatische Prinzessin, wie sie als ägyptische Königin den fürstlichen Vater ihrem hohen Gemahl zuführt.

Die lange hieroglyphische Inschrift, welche dem grossen Schlachtgemälde auf der Wand von Abu-Simbel zur Erläuterung beigegeben, ist offenbar einer von jenen klassischen Texten des alten Aegyptens, der seiner Zeit als ein geschätztes Literaturstück in hieroglyphischer und hieratischer Abfassung vielfach existirt haben mag. Noch heutigen Tages sind uns mehrere Redaktionen desselben auf Stein und Papyrus erhalten. Es finden sich, ausser in Abu-Simbel,

VIII. Die Stipulationen des unter der Regierung des Vaters und Grossvaters von Chetasar zwischen beiden Ländern abgeschlossenen Vertrages sollen wieder in Kraft treten und von beiden Theilen befolgt werden.

IX. Sollte Aegypten angegriffen werden, so ist der Cheta-Fürst verpflichtet, an dem Kriege gegen die Feinde des Ramses Theil zu nehmen. Sollte er an der persönlichen Theilnahme verhindert sein, habe er Truppen zu senden.

X. Wenn der König von Aegypten genöthigt sein sollte, Verbrecher auch im Auslande zu verfolgen, so habe der Cheta-Fürst ihm Beistand zu leisten.

XI. Klausel der Gegenseitigkeit in Betreff des §. IX. zu Gunsten des Cheta-Fürsten, den der König von Aegypten gegen seine Feinde zu unterstützen verspricht.

XII. Eine sehr zerstörte Klausel, die die Gegenseitigkeit in Bezug auf §. X. berührt.

XIII. Die Flüchtlinge aus Aegypten und den ägyptischen Colonieen sollten im Cheta-Lande nicht aufgenommen werden, der Cheta-Fürst habe sie an Ramses zurückzusenden.

XIV. Die geschickten Handwerker Aegyptens, die nach dem Cheta-Lande gingen, um dort in ihrer Specialität Arbeiten auszuführen, sollten keine dauernde Niederlassung daselbst begründen dürfen, der Cheta-Fürst habe sie wieder an Ramses zurückzusenden.

noch Bruchstücke von ihm im nubischen Felsentempel von
Bêt-Walli, auf Monumenten des östlichen und westlichen
Theben, hier im Ramesseum, dort an den Thoren des
Tempels von Luxor. Am ausführlichsten jedoch und am
besten erhalten ist uns das werthvolle historische Dokument
in einem im British-Museum aufbewahrten Papyrus (Sallier
Nr. III.) in hieratischer Schrift, aus welchem wir zugleich
den Namen des Dichters dieser ägyptischen Ilias kennen
lernen. Das Manuscript endet nämlich mit einer Datirung
und Dedikation, also lautend: „Dies ist geschrieben worden
„im Jahre 7 im Monate Payni unter der Regierung des
„Königs Ramses, des in Ewigkeit lebenden gleich seinem
„Vater, dem Sonnengotte Ra"; nun ist im Papyrus ein
Stück ausgebrochen, dann folgen die Worte: „gewidmet
„dem obersten Conservator der Bücher" — fehlen wieder
einige Gruppen, dann heisst es am Schluss: „verfasst von
„dem Grammaten Pentaur."*) Dieses die höchste Beach-
tung verdienende Literaturstück, welches in der angegebenen Weise auf Stein und Papyrus der Nachwelt erhalten ge-
blieben und nun, wiewohl hie und da lückenhaft im Detail,
nach den verschiedenen Redaktionen im Zusammenhange
sich herstellen lässt, hat in Kürze etwa folgenden Inhalt:

Wie jeder historische Text beginnt auch dieser mit

---

*) Der als einer der sublimsten Forscher in der gelehrten Welt hoch-
gefeierte Nachfolger des grossen Champollion, Herr Vicomte de Rougé,
dem wir die erste vollständige Uebersetzung der in Rede stehenden Pa-
pyrus-Urkunde verdanken, hatte es sich bei seiner letzten ägyptischen Reise,
als ich an den Monumenten von Theben mit ihm zusammentraf, zur besonderen Aufgabe gemacht, an den Wänden der oben genannten Tempel
die der gänzlichen Vernichtung immer mehr entgegengehenden Ueber-
bleibsel zu sammeln, und ist Herr de Rougé, wie ich aus einer brief-
lichen Mittheilung weiss, schon seit längerer Zeit mit einer zur Veröffent-
lichung bestimmten Bearbeitung der damals von ihm für die Wissenschaft
geretteten Schätze beschäftigt. Wir werden also sehr bald wieder ein
lückenhaftes Blatt der ägyptischen Geschichte in der erfreulichsten Weise
ausgefüllt sehen.

einer Datirung. Das Datum lautet: „Jahr 5, Tag 9 des
„dritten Sommermonats unter der Majestät des Sonnenhorus,
„des gleich dem Stiere Kämpfenden, des Lieblings der
„Wahrheit, des Königs von Ober- und Unter-Aegypten
„[Sonne, Lenker der Gerechtgkeit, Auserkorener des Son-
„nengottes] des Sohnes der Sonne [Ramses, Liebling des
„Amon] in Ewigkeit lebend." — Es sind dies die officiel-
len epitheta ornantia in der Namensbeschreibung des Königs Ramses II., welche in derselben Reihenfolge in jeder
auf ihn Bezug habenden historischen Inschrift wiederkeh-
ren. — „Es befand sich Se. Majestät im Lande Tuha auf
„seinem zweiten Kriegszuge. Eine gute Vorhut war aus-
„gestellt um das königliche Zeltlager auf der südlichen Höhe
„von Kadesch. Da trat Se. Majestät heraus wie die auf-
„gehende Sonne, er hatte angelegt den Schmuck seines
„göttlichen Vaters Muntu und es brach auf der königliche
„Herr, um sich auf einer Fahrt stromabwärts zu nähern in
„südlicher Richtung dem Lande Schabtun."[*]) Es fehlten dem
Könige genaue Nachrichten über die Stellung der feindlichen
Armee und kamen ihm deshalb höchst erwünscht zwei Noma-
den, welche ihm ihre Dienste anboten und ihm die Mittheilung
machten, dass der Cheta-Fürst, das Heer des Königs fürch-
tend, sich in südlicher Richtung zurückgezogen habe und gegenwärtig sich befände in Chaleb (Aleppo). Diese beiden No-
maden jedoch waren feindliche Emissäre, die mit dem Auftrage
ausgesendet waren, die Aegypter durch falsche Nachrichten
zu täuschen; es hatten sich im Gegentheil die Verbündeten
in grösster Behutsamkeit im Norden von Kadesch gesam-
melt. Also getäuscht rückte nun das ägyptische Heer in
falscher Richtung vorwärts und näherte sich, ohne es zu
wissen, immer mehr dem Feinde. Während dies vor sich

---

[*], cf. die in Lepsius' „Denkmäler" publicirte Inschrift, Band VII.
Bl. 167 d. l. l. 1—4 und Band VI. Bl. 153 l. 3.

3*

ging, führen zwei Kundschafter des Königs zwei neue Spione des Cheta-Landes herbei. Zum Geständniss gebracht durch eine Bastonade, bekennen sie, dass sie, um die Stellung der ägyptischen Armee zu erforschen, ausgesendet worden. — An den Wänden von Karnak sieht man im Bilde (die Darstellung ist mitgetheilt in Lepsius Denkm. Band III. Bl. 153 Abth. III.), wie vier Aegypter mit den beiden fremden Herren jene das Verständniss ungemein erleichternde, noch heute im Orient so beliebte Sprache reden, welche mit einer aus Nilpferdhaut gefertigten Feder, der sogenannten Nilpeitsche, oder mit einem Stocke auf lebendiges Pergament geschrieben wird. — So erfährt man denn von den beiden Männern des Cheta-Landes, dass die ganze Macht der Verbündeten, dass „der feindliche Cheta „sich aufgestellt mit den zahlreichen ihm verbündeten Völ-„kern, herbeigeführt von ihm zum Kampfe, alle die Völker „aus dem Gebiete des Cheta-Landes aus Mesopotamien und „dem Lande Kadi in seiner ganzen Ausdehnung, mit Bo-„genschützen, Reitern und Kriegsgeräth, zahllos wie der „Sand am Strande, man schaue sie aufgestellt zum schreck-„lichen Kampfe hinter Kadesch.“*) Der König beruft seine Generäle, tadelt sie streng wegen ihres unverzeihlichen Vergehens, wegen ihrer gänzlichen Unkenntniss über die Stellung des Feindes und theilt ihnen die Rede der beiden eingefangenen Spione mit, dass der Fürst von Cheta vergeblich von der ägyptischen Armee in südlicher Richtung verfolgt, vor ihnen sich befände, Angesichts ihrer, dort hinter den Mauern von Kadesch. Die Generäle schieben die Schuld auf die Gouverneure der Provinzen, welche absolut nichts zu sagen gewusst über die Bewegungen des Feindes. Man beeilt sich, das Versehen wieder gut zu machen, die Officiere eilen davon und ein Courier wird schleunigst mit

*) cf. Lepsius, Denkm. Abth. III. Bl. 157 l. 18—23.

Depeschen an das Gros der Armee abgesendet. Da, während man noch im Heere Rath hält, bricht plötzlich der Fürst von Cheta hinter Kadesch gegen Süden vor ·und Ramses ist auf einmal umringt von den feindlichen Kriegswagen. Die kleine Zahl der Diener, die seine Begleitung bildeten, war zerstreut, das Heer, weitab, hatte kaum die Nachricht erhalten, den Marsch zu ändern, und so befindet sich der König plötzlich allein mitten unter den Feinden. Unerschrocken greift der Held zu den Waffen, springt auf seinen Wagen und nimmt in Gemeinschaft mit seinem Wagenlenker den Kampf mit dem Feinde auf. „Da erhob sich „Se. Majestät,“ heisst es in dem Berichte des Papyrus, der übrigens nur den Kampf selbst behandelt,[*] „gleichwie der „Gott Muntu ergriff er den Kriegsschmuck, und bedeckt „mit seiner Rüstung glich er dem Baal in der Stunde seiner „Macht. Die grossen Renner Sr. Majestät, „„die Sieg-„reichen aus dem Stalle des Königs““ ist ihr Name, sprun-„gen hervor . . . . . . und der König den Wagen lenkend „trat ein mitten in die Armee der elenden Cheta. Er war „allein, kein anderer war mit ihm. Diesen Angriff machte „der König Angesichts seiner ganzen Suite. Er war um-„ringt von 2500 Kriegswagen und auf seinem Wege stürz-„ten sich ihm entgegen die besten Krieger des elenden „Cheta und der zahlreichen Völker, die ihn begleiteten: „Aradus, Maausu[**]), Pataas, Kaschkasch, Elon und Kata-„watana, Chaleb, Aktar, Kadesch und Lycien. Jeder ihrer „Wagen trug 3 Mann.“ Als der König so rings umgeben von zahllosen Feinden, und gänzlich abgeschnitten von den Seinigen, nach menschlicher Berechnung rettungslos verloren scheint, wendet er sich, bevor er mit seinem Wagen-

[*] cf. Papyrus-Sallier III. und de Rougé, „Le poème de Pentaour“.
[**] Brugsch stellt im II. Theil seiner „Geographie“ diesen Völkernamen zusammen mit dem 1. Buch Mose 10, 20 als Abkommen Aram's genannten u'o.

lenker den Tod drohenden Heldenkampf aufnimmt, noch im
Gebete zu Amon, und legt der Dichter dem Könige folgendes Gebet in den Mund. Allerdings ist dies kein von
demüthiger Ergebung in den Willen des Höchsten erfülltes
Gebet, wie es das Gebot des Christenthums fordert, sondern eben 'ein Gebet, welches sich hervorringt aus der
Brust eines ägyptischen, göttlich verehrten Herrschers, ein
Gebet des Königs, welchen der Gott von Memphis in einer
in demselben Tempel von Abu-Simbel eingemeisselten Inschrift mit den Worten anredet: „Ich bin dein Vater, von
„mir sind gezeugt alle deine Glieder als göttliche, ich habe
„gebildet deine Gestalt, gleich der des Mundesischen Got-
„tes, ich habe dich gezeugt mit deiner erhabenen Mutter.
„Ich, ich weiss es, wie du geehrt zu werden verdienst,
„deshalb mache ich ruhmreich deinen Namen. — Bei dei-
„nem Anblick hebt sich freudig mein Herz, ich fasse dich
„mit meinem goldenen Arm, ich umschlinge dich mit rei-
„nem Leben, ich erfülle dich mit Gesundheit und Herzens-
„glück, ich mische für dich Wonne mit süsser Freude und
„jubelvoller Lust. Ich gebe, dass Göttlichkeit dir inne
„wohne gleich der meinigen, du bist erprobt von mir als
„vortrefflich, ausgerüstet ist dein Herz mit Weisheit, alle
„Anordnungen sind vorzüglich, nichts ist, was dir verbor-
„gen wäre, irgendwie. Geformt sind deine Glieder aus
„Bronze, deine Knochen sind von Erz und dein Arm ist
„ein Ast, der in den Himmel reicht. Ich gebe dir gött-
„liche Ehre in deiner Herrschaft über die beiden Lande als
„König von Ober- und Unter-Aegypten" u. s. w.*) Der
also von seinem Gotte angeredete König betet jetzt zu ihm:
„Meine Bogenschützen und meine Wagen haben mich ver-
„lassen," ruft er aus, „nicht einer blieb bei mir, um mit

*) Die vollständige Uebersetzung dieser Inschrift habe ich gegeben in
meiner „Flotte einer ägyptischen Königin" p. 10.

„mir zu kämpfen. Was ist die Absicht meines Vaters
„Amon? Kann wohl ein Vater seines Sohnes vergessen?
„Habe ich denn jemals auf meine eigene Weisheit mich ver-
„lassen, bin ich nicht stets nur gegangen auf deinen Be-
„fehl? War es nicht stets dein Mund, welcher leitete
„meine Unternehmungen und dein Rath, welcher mich
„lenkte?..... Was dürfen denn hoffen diese elenden Hir-
„ten, die Amon verachten, die von Gott nichts wissen?
„Habe ich dir nicht glänzende Feste in grosser Menge ge-
„feiert und deinen Tempel mit meiner Kriegsbeute angefüllt,
„und hat man dir nicht errichtet eine Wohnung für Myria-
„den von Jahren?.... Die ganze Welt habe ich ver-
„einigt, damit sie dir ihre Opfer bringe. Bereichert habe
„ich deine Domäne, geschlachtet habe ich dir tausende von
„Ochsen, dargebracht allerlei wohlriechende Kräuter und
„kostbare Specereien..... Tempel habe ich dir gebaut aus
„Stein, ewige Säulen dir aufgerichtet und Obelisken aus
„Elephantine herbeigeführt. Grosse Schiffe befahren für
„dich das Meer, um dir herbeizuholen die Tribute aller
„Nationen. Wer kann sagen, dass jemals ein anderer
„Gleiches gethan? Vernichtet wird, wer deinem Willen
„sich widersetzt, doch Glück lacht dem, der dich, o Amon,
„kennt..... Zu dir, mein Vater, richte ich mein Flehn.
„Ich bin umringt von einem Haufen unbekannter Völker,
„und ich bin allein vor dir, niemand ist mit mir. Meine
„Bogenschützen und meine Wagen haben mich verlassen,
„als ich ihnen nachschrie; keiner von ihnen hat meine
„Stimme gehört, als ich sie zu meiner Hülfe herbeirief.
„Doch ich ziehe Amon mir vor vor Myriaden von Bogen-
„schützen, Millionen von Wagen und Tausenden auserlese-
„ner Heldenjünglinge und wären sie alle an einem Orte
„vereint. Die Hülfe von Menschen ist nichts, Amon steht
„höher als sie. O Sonnengott, dem Geheisse deines Mun-
„des bin ich gefolgt und dein Befehl hat mich geleitet, und

„ich bin es, welcher deinen Ruhm getragen hat bis an die „äussersten Enden der Welt!" — Nach diesem für einen Beherrscher des alten Aegyptens durchaus charakteristischen Gebet greift der göttlich verehrte Sohn der Sonne von Muth und Kraft beseelt zu den Waffen. „Die Worte hallten wieder in Hermonthis, Ra kam zu dem, der ihn rief und lieh ihm seinen Arm." Die Hülfe seines himmlischen Vaters wurde ihm in so wunderbarer Weise zu Theil, dass er siegreich mit Pfeil und Lanze, mit Schwert und Streitaxt haufenweise die betroffenen Feinde zu Boden streckte. „Der elende Fürst von Cheta" — heisst es in dem Bericht — „sah inmitten seiner Armee Se. Majestät kämpfen, nichts von Bogenschützen, nichts von Wagen war bei ihm. Zweimal prallte er zurück, erschreckt durch Se. Majestät. Vorrücken liess er dann mehrere Fürsten, gefolgt von ihren Wagen, wohl ausgerüstet mit allem Kriegsgeräth. Der Fürst von Aradus und Maansu, der Fürst von Elon und der von Raka, der Dardaner-Fürst und der von Kuschkusch, der Fürst von Karchemisch und der von Chaleb. Diese Könige, die Elite des Cheta-Landes, alle vereint an einem Platze bildeten 2500 Wagen." — „Der König stürzte mitten unter sie, gleichend dem Gotte Mentu, Sutech der Kriegsgott und Baal waren in allen seinen Gliedern." — „Die von seinen Fingern abgeschossenen Pfeile zerstreuten die feindlichen Krieger, welche gegen ihn vordrangen, sie hielten an und wandten sich rückwärts, schauend seine Macht; ihre Myriaden ergriffen die Flucht und ihre Füsse, nicht konnten sie rasch genug sich retten." — „Als meine Bogenschützen und Wagen sahen, dass also mein Schwert siegreich und mein Vater Ra mit mir war, und dass er gemacht hatte aus allen diesen Nationen eine Streu für meine Pferde, da kamen sie einer nach dem andern um die Stunde des Abends aus ihrem Lager herbei. Sie fanden das ganze

Terrain, auf dem sie einherschritten, bedeckt mit Leichen, gebadet in ihrem Blute, alle die muthigen Krieger, die tapferen Söhne ihrer Fürsten. Und als der Morgen das Gefilde von Kadesch erhellte, vermochte kaum der Fuss einen Platz zu finden, so zahlreich waren die Todten. Die ganze Armee rückte nun heran, um zu verherrlichen den Namen ihres Königs." Ich übergehe die in schwülstigen Lobeserhebungen sich bewegende Anrede und begnüge mich mit der Erwiederung des Königs. „Und folgendes," heisst es, „antwortete der König seiner Armee und den Anführern, welche nicht an dem Kampfe Theil genommen: Keiner von euch hat wohl gehandelt, mich also im Stiche lassend inmitten der Feinde. Die Fürsten und die Anführer, nicht haben sie vereint ihren Arm mit dem meinigen. Ich habe gekämpft, ich habe zurückgeworfen die Millionen der Völker und ich war allein. Die Pferde, welche mich trugen, es war das Gespann: „die Siegreichen von Theben aus dem Stalle des Ramses" ist ihr Name, sie sind es, welche gefunden hat meine Hand, als ich allein war inmitten der Feinde. So wünsche ich denn, dass man ihnen unter Huldigung darbringe ihr Futter, Angesichts des Sonnengottes Ra, an jedem Tage, an welchen ich mich befinden werde in meinen königlichen Thoren, weil sie sich befunden haben inmitten der feindlichen Armee, als der König in seiner Kraft geschlagen ihre Millionen. Und nun, nachdem es hell geworden, liess er von Neuem die Schlacht aufnehmen und stürmte vorwärts in das Kampfgewühl, wie ein Stier, der sich stürzt auf seine Beute. Die Tapferen ihrerseits traten nun ebenfalls ein in das Gemetzel, gleichend den Sperbern, die aus der Höhe herabschiessen auf ihren Raub. Zur Seite des Königs kämpfte mit ihm der grosse Löwe neben dem Wagen, Wuth entflammte alle seine Glieder und jeder, der sich nahte, fiel in Stücke zerrissen.

Ueberall machte der König Gefangene oder tödtete sie, so
dass keiner entweichen konnte. Zertreten von seinen Pfer-
den bildeten die hingestreckten Leichen nur noch einen
einzigen Haufen blutiger. Stücke." — Den Fürsten von
Cheta, dem nunmehr aller Muth gesunken war, erblicken
wir am äussersten Ende des Gemäldes, wie er auf seinem
Wagen anhält uud rückwärts gewendet mit erhobenen Händen um Gnade fleht. Diese wird ihm gewährt, da er sich
auf Gnade und Ungnade ergiebt. Aufs neue unterwirft er
sich mit den ihm verbündeten Völkerschaften der ägyptischen Herrschaft und der siegreiche König kehrt mit seinem Heere nach Aegypten zurück, wo er in der von ihm
gegründeten Stadt Ramses seinen feierlichen Einzug hält.

Wiewohl ein gut Theil poëtischer Ausschmückung in
diesem altägyptischen Siegesbericht mitunter laufen mag, so
ist doch der historische Kern in dieser Erzählung nicht zu
verkennen und schälen wir denselben aus der poëtischen
Hülle heraus, so erfahren wir etwa folgendes: König
Ramses befindet sich in Syrien, an den Ufern des Orontes. Dort gilt es zwischen Aegypten und Asien den
Kampf um die Oberherrschaft, den Kampf zwischen Aegypten und einem mächtigen Bündniss asiatischer Völkerschaften. In Folge schlechter Terrainkenntniss und wegen man-
gelnder Nachrichten über die Bewegungen des Feindes rückt
die ägyptische Armee in falscher Richtung vor. Der König,
welcher sich mit geringer Begleitung entfernt von seinem
Heere befindet, ist, von dem unerwartet hervorbrechenden
Feinde überrascht, auf einmal abgeschnitten von den Seinigen und sieht sich von allen Seiten eingeschlossen von
den feindlichen Kriegern. Unerschrocken greift der königliche Held zu den Waffen, springt auf seinen Wagen und
bricht sich Bahn durch die Reihen der betroffenen Feinde,
die, in Furcht und Schrecken gesetzt, vor dem Gewaltigen

die Flucht ergreifen. Inzwischen kommt die ägyptische
Armee heran, der Kampf wird von neuem aufgenommen
und Aegypten siegt über Asien.

So viel für diesmal über den Tempel von Abu-Simbel und seine Bildwerke und Inschriften. Mögen die daran
geknüpften Betrachtungen über das alte Aegypten dem Leser von einigem Interesse gewesen sein.

Druck von Gebr. Unger (Th. Grimm), Berlin, Friedrichstr. 24

Im Verlage schienen vom Herausgeber dieser
Abhandlungen:

Bauurkunde nem der geheimen Corridore im
Innern der uterungen herausgegeben. 1865.
gr. 4. 19 T

Geographisch, mit einem Anhange, enthaltend
die im Tem
    I. Abth.
    II. Abth.
Der erläuterande. 1866. gr. 4. 114 Seiten.
Preis 40 Th

Altägyptische mmelt in den Jahren 1863—65.
120 Tafeln

Historische melt.
    I. Theil.

    1. Siegesh r unserer Zeitrechnung gegen die Libyer
        und ih . I.—VI.
    2. Das Si .—XXVII.
    3. König n der Thür des Schatzhauses im Tempel
        von M
    4. Das Sc XIV.
    5. Das T eri. Taf. XXIV—XXXVII.
    II. Theil. und hieroglyphischer Inschriften
       zum T rischen Inhalts. Eine Inhalts-
       angabe Format. Preis 50 Thlr. 1869.

Altägyptische
    I. Theil. eis 37½ Thlr. = 150 fr. 75 c.
    II. Theil. reis 15½ Thlr. = 62 fr. 75 c.

Dᵢdem XVII. Jahrhundert vor unserer Zeitrechnung,
′ einem Monumente aus derselben Zeit abgebildet;
·om Herausgeber im Terrassentempel von Dêr-el-
ιction; nebst einem Anhange, enthaltend die unter-
es rothen Meeres in der Originalgrösse des Denk-
ldungen altägyptischer Schiffe und einige Darstel-
nd Gräbern, die auf das Vorstehende Bezug haben.
les Handels im Alterthume herausgegeben.

m Verfasser in den Jahren 1862—65 zum Studium
den Sudân unternommene Reise gegeben wird.
;etheilten Darstellungen und Inschriften.

T pm the German by Anna Dümichen. Leipzig
liams & Norgate. New-York Westermann & Co.

D ℈n, Tempel- und Kalender-Inschriften, und:

R m I. von Preussen nach Oberägypten entsendeten
re Bände.)

Berlin. Friedrichstr. 84.

www.ingramcontent.com/pod-product-compliance
Lightning Source LLC
Chambersburg PA
CBHW032124080426
42733CB00008B/1044